In elogios para Eduardo Joly

"¿Cuántos hombres o mujeres hay en cada uno de nosotros? ¿Acaso hay una sola persona en este vuelo interminable? El poeta, Eduardo Joly, nos pone en juego, nos convoca. Su libro nos obsequia, amorosamente, su vuelo interminable de la forma más elevada que alcanza lo humano (así como la música). Nos invita a compartir en su tragedia para darnos la posibilidad de rehacernos, como hizo consigo mismo."

— Susana Szwarc, autora de *Bailen las estepas*

"La sensibilidad poética es la gran revancha que el destino le tenía reservado a Eduardo. De modo tal que el vuelo interminable no solo alude a la captura simbólica del hecho traumático; es también una invitación a sumarnos al vuelo poético con el que Eduardo hace su entrada triunfal en el universo de la creación. En sus poemas Eduardo planea (valga la alusión aérea) sobre el accidente: las profecías que lo anticiparon y lo que vino después. Son poemas que sobrevuelan los estragos del accidente de manera sutil, tenue; se aleja en la tercera persona, para volver a tomar una distancia mínima cercana hasta la incandescencia."

— Juan Carlos Volnovich, médico, psicoanalista y activista de derechos humanos argentino

"En estos poemas, la imaginación y el oficio elevan a la remembranza a un lugar que nos invita ingresar, permitiéndonos compartir la travesía del poeta.... El resultado es una secuencia poética que los cambiará. Lo hizo conmigo."

— Margaret Randall, autora de *The Calendar's Whim*

Praise for Eduardo Joly

"How many men or women are there in each of us? Is there just one person in this never-ending flight? The poet Eduardo Joly reaches out and summons us. His book lovingly gifts us his never-ending flight in the highest way reached by what's human (as does music). He invites us to share in this tragedy and thus gives us the possibility to remake ourselves, as he has."

— Susana Szwarc, author of *Bailen las estepas*

"Poetic sensitivity is the great payback that destiny had reserved for Eduardo. The never-ending flight not only alludes to the symbolic capture of the traumatic event; it is also an invitation to join in the poetic flight with which Eduardo makes his triumphant entry to the creative universe. In his poems, Eduardo glides (the allusion to flying is valid) over the accident: the anticipatory prophecies and what followed. His poems overfly the ravages of the accident in a subtle, subdued way; he draws distance in the third person, to then return to a closeness that borders on incandescence."

— Juan Carlos Volnovich, Argentine physician, psychoanalyst, and human rights activist

"In these poems, imagination and craft lift memory to a place that invites us in, allowing us to share the poet's journey.... The result is a poetic sequence that will change you. It did me."

— Margaret Randall, author of *The Calendar's Whim*

EL VUELO INTERMINABLE / THE NEVER-ENDING FLIGHT

The Margaret Randall Poetry Series

El vuelo interminable / The Never-Ending Flight
　　Eduardo Joly

Cloak
　　Dodici Azpadu

EL VUELO INTERMINABLE / THE NEVER-ENDING FLIGHT

The Margaret Randall Poetry Series #1

Eduardo Joly

Casa Urraca Press
ABIQUIÚ

Copyright © 2026 by Eduardo Joly

All rights reserved.

Thank you for supporting authors and artists by buying an authorized edition of this book and respecting all U.S. and other relevant copyright laws by not reproducing, scanning, or distributing any part of it in any form without express written permission from the publisher, except as permitted by fair use. You are empowering artists to keep creating, and Casa Urraca Press to keep publishing, books for readers like you who actually look at copyright pages.

This work of poetry is based on real events. Some details may have been changed for privacy reasons and creative license.

Author photograph by Diego Wolfson.
Cover photograph by Jonathan Letniak on Unsplash.
Set in Nobel and Odile.

29 28 27 26   1 2 3 4 5 6 7

First edition

The Margaret Randall Poetry Series #1

ISBN: 978-1-956375-49-7
Library of Congress Control Number: 2026934137

Dirección Nacional del Derecho de Autor (Argentina):
    RE-2025-49246870-APN-DNDA (Spanish-language)
    RE-2025-50934613-APN-DNDA (English language)

CASA URRACA PRESS

an imprint of Casa Urraca, Ltd.
casaurracapress.com

Le dedico este libro, en primer lugar, a Liliana Di Napoli, mi esposa fallecida en ese vuelo, durante nuestra luna de miel. En segundo lugar, a Silvia Coriat, mi compañera desde hace ya treinta y dos años; primera lectora crítica de mis poemas y en quien encontré esa escurridiza felicidad que tanto anhelamos.

I dedicate this book, first, to Liliana Di Napoli, my wife deceased in that crash, during our honeymoon. Second, to Silvia Coriat, my companion for the past thirty-two years; first critical reader of my poems and in whom I found that elusive happiness we all yearn for.

Índice / Contents

xvii	Prólogo del autor
xix	Author's prologue

Sección I / Part I

2	Horadar
3	To bore
4	Adivinación
5	Prophecy
6	Alma 3
7	Alma 3
8	Borra de café
9	Coffee grounds
10	Estallido
11	Bang
12	Liliana
13	Liliana
14	Promesa incumplida
15	Unfulfilled promise
16	Desencajados
17	Dislocated
18	Roto
19	Torn
20	Al límite
21	Borderline
22	Ingenioso
23	Inventive

24	¿Hay perdón?
25	Is there forgiveness?
26	Cuánto más sencillo
27	How much simpler
28	A sus diecinueve
29	At nineteen
30	El azar
31	Odds
32	Supervivencia
34	Survival
36	Renacer
37	Reborn
38	Apuntalado
39	Buttressed
40	Salvavida
41	Lifeguard
42	Bosques de Palermo
43	Palermo Woods
44	Hospital Italiano, Buenos Aires, diciembre 1977
45	Hospital Italiano, Buenos Aires, December 1977
46	Hospital Frank País, La Habana, enero 1978
47	Hospital Frank País, La Habana, January 1978
48	Travesía
49	Journey
50	Alquimia
51	Alchemy

Sección II / Part II

54	Sueño con sabor a muerte
55	A dream for dying
56	Abrazado a la almohada
57	Hugging the pillow
58	En sintonía
59	Attuned
60	De la nada
61	Nothingness
62	Silla-rodando
63	Wheel-chairing
64	Solidarios
65	Solidarity
66	Búsqueda laboral
67	Job interview
68	Zigzagueando
69	Zigzagging
70	Temores
71	Fears
72	Buscando a su Altísimo
73	Seeking his Keeper
74	Inescrutable
75	Unknowable
76	Ternura
77	Tenderness

78	Otras formas
79	Other ways
80	Cavilaciones
81	Worries
82	Parálisis
83	Paralysis
84	Homeless
85	Homeless
86	Misteriosa
87	Mysterious
88	Devenir
89	Passing
91	Epílogo de Margaret Randall
93	Afterword by Margaret Randall
95	*About the author (TK español)*
97	*About the author*
95	*The Margaret Randall Poetry Series (TK español)*
97	*The Margaret Randall Poetry Series*

Prólogo del autor

MI POESÍA ES EN SU ORIGEN BILINGÜE. A veces la pienso en castellano, a veces en inglés. Cuando paso de un idioma al otro, me encuentro pensando bilingüe. Por resultado, mi poesía se nutre del diálogo entre idiomas que conviven en mí.

En este libro identifico el idioma en el que fue principalmente pensado y escrito cada poema. A todos los traduje, si no en el momento, al poco tiempo. Al traducirlos fui casi automáticamente reescribiendo los originales.

No se traducen palabras. Lo que importa es transmitir los sentimientos y sensaciones subyacentes. Lo que importa es no pensar en la traducción como un espejo en otro idioma, sino como una reescritura, por lo cual las palabras que se usan pueden no ser sus equivalentes en el otro idioma. El verbo y el tiempo verbal pueden ser diferentes. La forma adverbial o adjetival pueden ser diferentes. Incluso la métrica puede variar. No importa si son la misma cantidad de líneas. El fraseo será diferente, las pausas lo serán, porque el idioma al que uno traduce lo exige. En las traducciones de mis propios versos me di esa libertad al revisar lo ya escrito y lo ya traducido, y para intentar traducir lo que hasta el momento me había resultado esquivo. Aun así, darme voz en dos idiomas, conservando una cadencia, no ha sido tarea fácil.

Una característica de mi escritura en castellano es el uso escaso de artículos, tal vez porque casi no se emplean en inglés. Suelo emplear el "tú" más que el "vos" que se usa en Argentina, seguramente por la influencia de haber vivido en otros países latinoamericanos (Venezuela, México, Cuba), y de haber interactuado con hispanoparlantes en los Estados Unidos.

Este libro se titula *El vuelo interminable*. En él relato mis vivencias producto del aterrizaje accidentado de la línea aérea

Austral en la cordillera andina, a unos treinta kilómetros de Bariloche, en noviembre de 1977, es decir, hace cuarenta y siete años. Yo estaba en ese vuelo.

Agradezco a Juan Carlos Volnovich, escucha privilegiada de esta producción, y que me ha acompañado en distintos momentos a lo largo de tantos años posteriores al vuelo que dio pie a lo escrito.

Finalmente, agradezco a Susana Szwarc, quien me ayudó a pulir cada poema que lo precisaba, con ese don para formular la pregunta o comentario preciso que diera pie a la reescritura. Y va mi sentido agradecimiento a Margaret Randall, quien críticamente leyó mi versión en inglés y señaló correcciones necesarias en algunos de los poemas.

Eduardo Joly, Buenos Aires, enero de 2025

Author's prologue

MY POETRY IS ORIGINALLY BILINGUAL. At times I conceive it in Spanish, at times in English. When I switch between languages, I find myself thinking bilingually. My poetry is written in a dialogue between languages that coexist in me.

In this book, I identify the language in which each poem was mainly conceived and written. Each was translated, if not immediately, shortly thereafter. When translating, I automatically rewrote the original.

One does not translate words. One attempts to convey the underlying feelings and sensations. One should not think of a translation as a mirror image in another language, but instead as a rewrite, wherein the words may not be their equivalents in that other language. Verbs and tenses may differ. Adverbs and adjectives and their expressions may differ. The meter or rhythm may vary. It's not a matter of reproducing the same number of lines. The phrasing may differ, as well as the pauses, because the language you are translating into requires it. In translating my own verses, I gave myself this freedom when revising what I had written and translated, and when attempting to translate what until then had proven almost impossible. Even so, keeping a unique voice and a cadence in both languages has not been easy.

A feature in my writing in Spanish is the scant use of articles, perhaps because they are hardly used in English. I tend to use *tú* rather than *vos*, which is more commonplace in Argentina. This may be because I've been influenced by living in other Latin American countries (Venezuela, Mexico, Cuba), and by having interacted with Spanish speakers in the United States.

This book is entitled *The Never-Ending Flight*. In it, I narrate my experiences following the Austral Airline crash in the Andean Mountain range, a few kilometers from Bariloche, Argentina, in November of 1977, i.e., forty-seven years ago. I was on that flight.

I thank Juan Carlos Volnovich, privileged listener, who has accompanied me on and off following the flight that gave birth to these writings.

Finally, I thank Susana Szwarc, who helped me polish each poem in need, with that gift of formulating the question or precise comment that led me to rewrite. And my heartfelt thanks to Margaret Randall, who critically read my English version and pointed out necessary corrections to a few of the poems.

Eduardo Joly, Buenos Aires, January 2025

SECCIÓN I

PART I

Horadar

Osar vivir
o morir
(lo) taladraba.

La respuesta
llegaría
implícita
en cada despertar.

To bore

Dare to live
or to die
drilling through his mind.

The answer
would arrive
implicit
at each awakening.

Adivinación

La borra de café
develó
su devenir.

Temerosas
las pitonisas
callaban.

Sentencia del tiempo:
a pesar de Ícaro:
Fénix resurgió.

Prophecy

The coffee grounds
unveiled
what was coming.

Fearful
fortune-tellers
kept silent.

Time's judgement:
despite Icarus:
Phoenix resurged.

Alma 3

"Haces la cama
en la que duermes", dijo.
¿Presagio de una maldición?

Pasaron siglos
la borra del café gimió

la maldición sucedería.

Un amor traicionado reclama
a un amor morir.

Alma 3

"You make the bed
you sleep in," she said.
Presaging a curse?

Years went by
the coffee grounds whined

the curse would occur.

A love betrayed, demands
a love must die.

Borra de café

Predicho en la borra del café.
Temible como para ser dicho.
Con la duda flotando
volamos.
Alegre celebración.
Hasta que la muerte nos separe.

Aterrizaje fallido.
En la oscuridad de la noche
la fría lluvia reanimó a algunos.
¿Estás ahí? ¿Está ahí?
Nadie rompe el silencio de quienes ya no están.
Inmóvil
la oscuridad de la noche.

Aullido de dolor almacena un nudo
que no puede ser desgarrado
hasta que la muerte nos reúna.
Dudosa vida, desatada
en el más allá,
en este vuelo interminable.

Coffee grounds

Foretold in the coffee grounds.
Too horrific to share.
With an inkling of doubt
we flew.
Joyous celebration.
Till death do us apart.

Crashlanding.
In the pitch-dark night
the cold rain brought some back to life.
Are you there? Is she there?
No one breaks the silence of those gone.
Immobile
the pitch-dark night.

A wailing pain stores a knot
that can't be wrenched
till death rejoin us.
Dubious life, untied.
In the afterlife
of this never-ending flight.

Estallido

En la cabeza
colores
de negrura infinita.
Centellearon luces
en el cuerpo suspendido.

Un silencio explosivo,
inmóvil,
revoloteaba
en el espacio
sin fin.

La nada misma,
el todo absoluto,
muerte y vida
disputándose
el ser.

Hasta que el frío
lluvioso
—noche del 20
amanecer del 21—
lo devolvió a tierra
¿o escupió el cielo?

Bang

In his mind
infinitely black
colors.
Lights sparkled
in the suspended body.

In explosive silence,
immobile,
he fluttered
in endless
space.

Nothingness itself
the absolute all,
death and life
competing
for existence.

Until
the cold rain
—night of the 20th
morning of the 21st—
brought him back to earth,
or did the sky spit him out?

Liliana

El temor amenazante de olvido
sin saber si gimió o no.
¿Gemí para cubrir su silencio?

Hasta que la muerte nos separe.
Hasta que la muerte nos reúna.
El Grito de Munch reverbera día y noche.

Liliana

The harrowing fear of oblivion
not knowing if she wailed or not.
Did I wail to cover her silence?

Till death do us part.
Till death rejoin us.
Munch's Scream echoes night and day.

Promesa incumplida

Un atisbo de catástrofe
precedió el estrellarse
antes de que el chárter
demasiado barato para ser cierto
volara hacia la muerte.

El grafiti grabado
en su mente
predicho en la borra
café sabor a salmuera.

La promesa incumplida
de protegerla hasta morir
acosa
cada vez que su amor
vuela una y otra vez.

Unfulfilled promise

An inkling of catastrophe
preceded the crash
before the charter
too cheap to be true
flew to death.

The graffiti etched
in his mind
predicted in the coffee grounds
with a taste of brine.

The unfulfilled promise
of protecting her till his death
haunts
each time his love
flies over again.

Desencajados

El avión desmembrado
cuerpos desencajados
la muerte acecha al límite.

Efímera la vida
incierto el porvenir
un rompecabezas con final abierto.

Dislocated

The plane dismembered
the bodies unhinged
death stalking at the limit.

Ephemeral life
uncertain tomorrow
an open-ended puzzle.

Roto

Sonidos punzantes de dolor.

Incrédulos
claman pero
¿quién responde?

La vida como una broma tramposa
y nadie ríe.

Torn

Piercing sounds of pain.

In disbelief
they clamor,
but who answers?

Life as a treacherous joke
and no one laughs.

Al límite

En la desdichada noche helada temió por su vida.
Escuchó ropa arrancada en busca de calor.
Los más desvalidos se convertían
en los más desahuciados.

En su pozo de soledad
el silencio lo salvaría
de la humanidad en su encrucijada.

Borderline

In the wretched cold night
fearing for his life.
He heard clothes plucked for warmth.
The most helpless
became the most destitute.

In his pit of solitude
silence would save him
from humanity at its crossroads.

Ingenioso

¿Hambriento? Hormigas apetecedoras.
¿Sediento? Gramilla suculenta.
Sobrevive el ingenio.
El tiempo se detiene en un reloj pulsera roto.

Inventive

Hungry? Scrumptious ants.
Thirsty? Succulent grass.
Ingenuity survives.
Time freezes in a broken wristwatch.

¿Hay perdón?

La columna quebrada
las percepciones perdidas.
Tubos por doquier.

¿Cómo hacer
si tu amada no está?
¿Hay perdón
si vivís?

Pasan los años.

Nadie responde.

Is there forgiveness?

Ruptured spine
lost perceptions.
Tubes everywhere.

What to do
if your loved one is gone?
Is there forgiveness
for being alive?

Years go by.

No one replies.

Cuánto más sencillo

Vivo, ¿por azar?
¿Destino?
¿Insistencia?

La verdad indecible, desconocida.
La expectativa, ¿fuerza motora de quién?
¿Qué deseo impele a los vivos?

Cuánto más sencillo
cuando la naturaleza prosigue
sin preguntárselo.

How much simpler

Alive, by chance?
Destiny?
Insistence?

Truth unspeakable, unknown.
Whose expectation is the driving force?
What desire propels the living?

How much simpler,
when nature abides
without questioning.

A sus diecinueve

Sin despedida
sin recoveco para el beso.
Lágrimas copiosas
cordilleranas
anunciaron
lo eludible.

Sesenta y seis tendrías
de no ser
por esa costumbre
de Austral
devenida Ícaro.

At nineteen

Without bidding farewell
not a nook for a kiss.
Heavy mountain
tears
announced
the evitable.

You'd be sixty-six
were it not
for that habit
of Austral
emulating Icarus.

El azar

Vive por casualidad.
La tragedia tiñó
sus noches y días,
incapaz de pagar
por la vida
que partió.

Odds

Alive by chance.
Misfortune hued
his nights and days,
unable to pay
for the life
that departed.

Supervivencia

I.
Horas esperando
noticias de muertos o vivos.
Una murió.
Uno sobrevivió.
¿Reaparecerían
una sonrisa
un pensamiento tierno
una ilusión hecha realidad?
Cuerpos rotos
sueños devastados.

II.
No se dejó morir
Maldijo, gritó, lloró.
Una vez de pie,
para honrar a su
recién-casada,
pensó:
la vida es una apuesta.

III.
La supervivencia no supo
devolverla.
Volvió a enamorarse
soportando el desdén
de quienes sospecharon traición.

IV.
La soledad, la compañía
intolerables.
Dolor, tristeza
auguraron
un nuevo rumbo.

Survival

I.
Hours for news
from those alive or dead.
One died.
One survived.
Would
a smile
a tender thought
an illusion come real
recur?
Broken bodies
shattered dreams.

II.
He could not die.
He cursed, shouted and cried.
Back on his feet
To honor
his newlywed,
life is a gamble,
he thought.

III.
Surviving could not
bring her back.
He remarried
bearing the scorn
of those suspecting betrayal.

IV.
Solitude
company
unbearable.
Pain, sorrow,
bode
a new way.

Renacer

El cielo cayó a tierra.
La tierra se abrió
              trémula.

Una nueva travesía.

Reborn

The sky fell to earth
earth opened
            tremulous.

A new journey.

Apuntalado

¿Cómo pudiste,
sin ser correspondida?

Tu figura,
al apuntalarme
ante el filoso borde
de vivir o no seguir,
se mece eterna.

Buttressed

How could you,
unreciprocated?

Your figure,
bracing me
at the cutting edge
of living or not,
sways eternal.

Salvavida

Ante la muerte
irrumpió la vida
resonando los grilletes
del dolor,
invitando a la fusión
de los cuerpos,
estallando el ansia secreta
de vivir más acá
de la muerte.

Lifeguard

In death's midst
life erupted
resonating the shackles
of pain,
inviting bodies
to merge
bursting the secret desire
to live beyond
death's constraints.

Bosques de Palermo

Tensando la piel
agitando el pulso
cortando la respiración
ensoñados, fundimos nuestros cuerpos.
Amanecimos.

Después,
en desconsuelo por la muerte de mi amada
solidaria ante la desdicha,
concebimos su lápida.

Palermo Woods

Tensing the skin
speeding the heartbeat
freezing our breath
dreamlike, our bodies fused.
We awoke.

Years later
disconsolate for my lost love
your solidarity facing misfortune,
we conceived her gravestone.

Hospital Italiano, Buenos Aires, diciembre 1977

Piernas que no caminan
mejor olvidarlas.
        Bañarlo al sol
          regad al hombre hecho planta.
El mañana inerte,
quien no camina
mejor olvidarlo.
Quien no camina, no despierta,
abran paso al velorio.
Con suerte, cinco años al sol
regando al hombre hecho planta.
        No te preocupes, no albergues esperanza,
        mejor olvidarlo.
Muerto en vida, parece.
Así el destino,
para quien es mejor
desterrar.

Hospital Italiano, Buenos Aires, December 1977

Legs not for walking
better forgotten.
            Baste in the sun,
                water the man turned plant.
Lifeless tomorrow,
who cannot walk,
is better forgotten.
Who cannot walk, cannot wake,
usher in the wake.
At most, five years to baste in the sun
watering the man turned plant.
            Fret not, hope not,
                better forgotten.
Dead alive is more like it.
Such is the fate,
for whom should
be banished.

Hospital Frank País, La Habana, enero 1978

El agua helada manaba de la ducha rota
devolviéndole vida.
Al gotear sobre su quebrada columna
la risa y la alegría prendió en su corazón.
La silla descuajeringada
lo acercó rodando
torpemente a la cama.

Libre al fin de los grilletes de otras manos
la incertidumbre al fin prevaleció.

Hospital Frank País, La Habana, January 1978

Cold water gushed from the broken shower
bringing him back to life.
As it trickled down his broken spine
laughter and joy took hold in his heart.
The shabby wheelchair
clumsily rolled him
back to bed.

Free at last from the shackles of other hands
uncertainty finally prevailed.

Travesía

¿Fallecí? ¿Resucité?
Un antes y después.
Tragedia alumbra, reencarna.

Journey

Did I die? Did I resurrect?
A before and after.
Tragedy illuminates, reincarnates.

Alquimia

¿renació?
¿quién sabe?

sin opción
conocida
la vida pendía

sin pista alguna
en la noche más profunda
tejiendo
un sueño (no)destinado

enraizado en
obstinación
propia de un demente

la certeza
es un lecho mortal
despiadado

Alchemy

reborn?
who knows?

no option
forthcoming
with life on a thread

clueless
in the deepest night
knitting
an (un)destined dream

rooted in
obstinacy
befitting a madman

certainty
is a merciless
deathbed

SECCIÓN II

PART II

Sueño con sabor a muerte

Despertó de un sueño.
Quería y no podía,
qué desengaño.
Quería y no podía,
la hombría puesta en cuestión.
La lesión,
¿fue su áncora?
Quiso, no pudo,
¿se disipó la humillación?

De a poco
(de a poco)
encontró
(encontró)
placer y alivio.
Paradojas de lo ausente,
el deseo florecía.
Lo imposible
aún lo atormentaba.
Salía de un sueño
que lo invocaba a morir.

A dream for dying

He woke from a dream.
Wanting but unable,
what a disappointment.
Wanting but unable,
manhood brought into question.
The injury,
his rampart?
Wanting but unable,
did it dissipate humiliation?

Slowly
(slowly)
he found
(he found)
pleasure and relief.
Paradoxes of absence,
desire flourished.
The impossible,
still tormented him.
Waking from a dream
calling him to die.

Abrazado a la almohada

¿Habrá olvido,
habrá perdón?

Mi cuerpo abriga
pérdidas
que horadan
implacables
los pasos
que doy.

Hugging the pillow

Forgetfulness?
Forgiveness?

My body embraces
losses
that inexorably
burrow
each step
I take.

En sintonía

Se imaginaba con ella
silla-rodante como él
entrelazados
desvergonzados
jugando los cuerpos
cómplices
sin temor.

Attuned

He pictured himself with her
wheelchaired like him
intertwined
unabashed
bodies in complicit
play
not a hint of fear.

De la nada

Caminante ella
silla-rodante él,
el reencuentro
los salvó
de la nada.

Nothingness

Walker she
wheelchaired he,
reuniting
saved them
from oblivion.

Silla-rodando

Baches
rampas rotas
caca de perros.

Volcar.

Salir despedido
cuerpo a tierra
huesos quebrados,
las ruedas giran.

Reclamar
¿para qué?
Si no sos más
que una planta
en una silla rodando.

Wheel-chairing

Potholes
torn curb-cuts
dog shit.

Tip over.

Tumble out
flat on the ground
broken bones,
wheels turn.

Complain,
what for?
If you're but
a plant
on a wheelchair.

Solidarios

La silla de ruedas
volcó.
Al rescate
motoqueros
jóvenes
pareja.
No por lástima
ni vergüenza ajena.

Solidarity

The wheelchair
tipped over.
To the rescue,
bikers
youngsters
a couple.
Not out of pity
nor embarrassment.

Búsqueda laboral

Trajeado,
en su metro noventa,
semiología mediante,
se deconstruyó.
De silla-rodante a ambulante,
entrevista tras entrevista,
vendía su plusvalía.

Job interview

Dressed in a suit,
six feet tall,
by way of semiology,
he deconstructed himself.
From wheelchair to crutches,
interview after interview,
he sold his surplus value.

Zigzagueando

El camino más corto
es una recta
a menos que
silla-rodantées
zigzagueando
Buenos Aires.

Zigzagging

The shortest path
is a straight line
unless
you wheelchair
zigzagging
Buenos Aires.

Temores

Encegueciendo,
tormento
para un lisiado.

¿Cómo, con qué
borrar
los temores?

Fears

Going blind,
a torment
for a cripple.

How
to wash away
such fears?

Buscando a su Altísimo

Ciego lisiado
rueda cuesta abajo.
Nadie sabe si siente la pendiente
deslizándose por debajo,
hasta que el auto
chirriando
lo deja de rodillas.
Señor, dime,
¿Viste a ese ciego lisiado,
rondándote?

Seeking his Keeper

Blind cripple
rolling down the hill.
Only he can sense the slope
gliding below.
Till the car,
in a screech,
drops him to his knees.
Oh Lord, do say,
did you see that blind cripple,
hovering around you?

Inescrutable

Sordera
ceguera
lazos de percepción
definieron
inescrutable amor.

Unknowable

Deafness
blindness
perceptual bonding
defined
inscrutable love.

Ternura

Su vista
sentía la caricia
sobre su piel
adormecida.

Tenderness

Her gaze
felt the caress
on her numb
skin.

Otras formas

Estremecida
por lo inminente,
su sexo seco,
el vértigo
de la vergüenza
invitaba
a otras formas
de amor.

Other ways

Shivering
at the imminent,
her dry sex,
the vertigo
of shame
welcomed
other ways
to love.

Cavilaciones

¿Sobreviviré otra pérdida?
Mi corazón,
¿extinguirá el deseo de amar
si la muerte me arranca
el amor otra vez?

Worries

Will I survive another loss?
Will my heart
extinguish desire to love,
should love be plucked
from life again?

Parálisis

Atemorizado de vivir
                    la muerte acecha.

Atemorizado de morir
                    la vida sin sentido.

Paralysis

Fearful of life
              death awaits.

Fearful of death
              meaningless life.

Homeless

Se me acercó (¿o a mi silla?)
implorando sabiduría.
"Hacé lo mejor que puedas"
quise decir.

Apretó mi hombro
balbuceando las palabras
al refugiarse
en su caparazón.

Homeless

He approached me (or my wheelchair?)
imploring wisdom.
"Do the best you can"
I meant.

He squeezed my shoulder
babbling the words
as he found shelter
in his shell.

Misteriosa

Efímera

vida

sin explicación.

Mysterious

Fleeting

      life

            unexplained.

Devenir

Áspera y suave

                la vida

                              sigue.

Passing

Harsh and gentle

                life

                            goes on.

Epílogo de Margaret Randall

Como poeta y biógrafa que soy, siempre me interesa leer lo escrito por otros en estos géneros. Llegué a *El vuelo interminable* vía una serie de circunstancias fortuitas e inmediatamente me cautivó y conmovió. La vida de Eduardo Joly cambió para siempre cuando él y su primera esposa estaban de luna de miel, el avión se estrelló, su esposa falleció y el sobrevivió, aunque en un estado de parálisis. Su parálisis no podía ser exclusivamente física; una pérdida tan profunda detiene el curso normal de la vida de muchas formas.

Lo que sabemos del trauma es que puede durar toda una vida. La sanación es polifacética. El trauma puede silenciar o dar voz. El silencio es una respuesta natural, la mente se cierra en autodefensa, toda la energía va a dominar lo requerido para garantizar la supervivencia. En el caso de Joly, hubo supervivencia y culpa por ello; lo acosó el hecho de que su esposa hubiera muerto, y él no. El sobrevivir debe de haber involucrado una toma de decisiones en cada coyuntura. La voz requiere mucho esfuerzo y coraje, a veces a lo largo de muchos años. Para nuestro enorme disfrute, Joly pudo convertir su trauma en voz y el destilado de dicha voz es lo que tenemos aquí.

La vida de Joly, desde el instante en que el avión se estrella, se convirtió en un vuelo interminable, uno que no logra aterrizar, metafóricamente y a la vez en términos de cómo ha alterado su experiencia cotidiana. Sin embargo, después de la tragedia, no solo ha logrado seguir con su vida, sino que lo ha hecho abarcando la felicidad personal y siendo socialmente útil. Es como si recorriera dos caminos de un mapa al mismo tiempo: uno que transcurre por aquel territorio que él ha logrado rescatar—físicamente, psicológicamente, emocionalmente—y el otro por la memoria corporal de una experiencia que estará con él por siempre. Durante años quiso expresar en una autobiografía esta travesía dual, pero no lo lograba. Entonces, súbitamente como nos cuenta en su introducción a este libro, se encontró escribiendo poemas, un género que nunca había explorado. De hecho, estaba escribiendo su autobiografía—en poemas.

Aunque llego a estos poemas con la predisposición generada por conocer su historia, yo misma soy poeta y respeto demasiado el oficio como para permitir que este conocimiento circunstancial afecte mi percepción. Los abordé como hago con toda producción de este tipo: como poemas en sí mismos. ¿Cantan? ¿Logran transmitir lo que se proponen? ¿Funcionan como poemas? Mi respuesta es un contundente sí.

Y, dado que este es un libro bilingüe y también soy traductora, me interesaba descubrir si los poemas funcionaban en ambas versiones. Aquí la traducción aparece en dos niveles. No se trata solo de lo pertinente al castellano y al inglés, dos idiomas con muy diferentes estructuras, códigos, tempos, e idiosincrasias. Joly se maneja con fluidez en ambos y ha logrado esa expresión dual muy bien. Es también la muy literal traducción de una experiencia casi inimaginable, en palabras que la transmiten a sus lectores u oyentes. Ambos aspectos de la traducción operan brillantemente. En estos poemas, la imaginación y el oficio elevan a la remembranza a un lugar que nos invita ingresar, permitiéndonos compartir la travesía del poeta.

La gran poesía asume distintas formas, desde la épica robusta hasta la pastoral o íntima: sonetos, villanelas, haiku, y el tal llamado verso libre, entre otros. El lenguaje de Joly es mínimo. Dice lo que quiere decir con precisión, empleando solo aquellas palabras necesarias para que sus lectores sientan que estuvieron ahí. Aún si no vivenciamos lo mismo que él, comprendemos cada momento de su historia. Y tal como ocurre con toda comprensión de esta naturaleza, se involucra sentimiento a la vez que intelecto. El resultado es una secuencia poética que los cambiará. Lo hizo conmigo.

Margaret Randall, Nuevo México, invierno de 2025

Afterword by Margaret Randall

AS A POET AND MEMOIRIST MYSELF, I am always interested in reading work by others in those genres. I was introduced to *The Never-Ending Flight* through a series of fortuitous circumstances and was immediately captivated and deeply moved. Eduardo Joly's life changed forever when he and his first wife were on their honeymoon, the plane crashed, his wife perished, and he survived, although in a state of paralysis. His paralysis could not only have been physical; such profound loss stops the natural progression of life in many ways.

What we know about trauma is that it can last a lifetime. Healing is multifaceted. Trauma can silence or give voice. The silencing is a natural response, the mind shutting down in self-defense, all energy going into mastering what is necessary for mere survival. In Joly's case, there was survival and survival guilt; he was haunted by the fact that his wife died, and he did not. Survival must have involved making choices at every juncture. Voice requires great effort and courage, often over a period of many years. To our great benefit, Joly was able to turn his trauma into voice, and the distillation of that voice is what we have here.

Joly's life, from the moment of the plane crash, became a never-ending flight, one that fails to land, metaphorically as well as in terms of how it has altered his everyday experience. Yet, following the tragedy, he managed not only to continue living but to do so in a way that includes personal joy and is socially useful. It is as if he is following two paths on a map simultaneously: one moving through that territory he has been able to salvage—physically, psychologically, emotionally—and the other the body memory of an experience which will always be with him. For years he wanted to transform this dual journey into a memoir but was unable to do so. Then, quite suddenly as he tells us in his introduction to this book, he found himself writing poetry, a genre he had never before explored. He was, in fact, writing his memoir—in poems.

Despite coming to these poems with the predisposition created by knowing his story, I am a poet myself and have too much respect for the craft to allow circumstantial knowledge to influence my response. I approached them as I do all such work: as poems in and of themselves. Do they sing? Do they succeed in transmitting what they propose? Do they function as poems? My answer is a resounding yes.

And, because this is a bilingual book and I am also a translator, I was interested in how the poems work in their dual versions. Translation figures here on two levels. It is not only the issue of Spanish and English, two languages that have very different structures, codes, tempos, and idiosyncrasies. Joly is fluent in both and has managed that dual expression well. It is also the very literal translation of an almost unimaginable experience into words that convey it to readers or listeners. Both aspects of translation work brilliantly. In these poems, imagination and craft lift memory to a place that invites us in, allowing us to share the poet's journey.

Great poetry takes many forms, from the robust epic to the pastoral or intimate: sonnets, villanelles, haiku, and so-called free verse, among others. Joly's language is sparse. He says what he wants to say with precision, employing just those words necessary to make his readers feel we were there. If we didn't experience what he did, we understand each moment of his story. And as with all such understanding, this involves feeling as well as intellect. The result is a poetic sequence that will change you. It did me.

Margaret Randall, New Mexico, Winter 2025

Acerca del autor

Eduardo Joly es sociólogo, periodista, activista en derechos humanos, y poeta. Nació en Argentina y pasó su niñez ahí y en los Estados Unidos. También ha vivido en Venezuela, México, y Cuba.

Es fundador y presidente de Fundación Rumbos, una ONG dedicada a la accesibilidad para personas en situación de discapacidad. Fue cofundador y presidente de REDI (Red por los Derechos de las Personas con Discapacidad de Argentina). Entre sus logros profesionales Joly es Distinguido Académico Visitante Schomburg de Ramapo College en Nueva Jersey, EE. UU. Ha publicado artículos y capítulos en libros sobre la sociología de la discapacidad, así como ha editado y prologado dos libros sobre las relaciones entre EE. UU. y Latinoamérica. Actualmente reside en Buenos Aires.

About the author

EDUARDO JOLY is a sociologist, journalist, human rights activist, and poet. He was born in Argentina and raised both there and in the United States, and has since lived in Venezuela, Mexico, and Cuba, as well.

He is the founder and president of Rumbos Foundation, an NGO in Argentina dedicated to accessibility for persons living under conditions of disability. He is also cofounder and past president of REDI (Argentina's Disability Rights Network). Among other professional accomplishments, Joly is a Schomburg Distinguished Visiting Scholar at Ramapo College in New Jersey. He has authored articles and chapters in books on the sociology of disability, and edited and prologued two books on US-Latin American relations. He currently lives in Buenos Aires.

La Colección de Poesía Margaret Randall

La Colección de Poesía Margaret Randall reúne a poetas de diferentes partes del mundo. Sus volúmenes, elegidos y publicados por Casa Urraca Press, rinden homenaje al legado vivo de la autora Margaret Randall, conocida por su hábil uso de la palabra y su pasión por promover las voces de poetas y artistas.

Margaret Randall es poeta, ensayista, historiadora oral, traductora, fotógrafa, activista social, y autora de más de doscientos libros. Vivió en Latinoamérica durante veintitrés años (en México, Cuba y Nicaragua); entre 1962 y 1969, coeditó El Corno Emplumado, una revista literaria bilingüe trimestral que publicó algunas de las mejores expresiones literarias y artísticas novedosas de los años sesenta. Cuando regresó a los Estados Unidos en 1984, el gobierno decidió deportarla por considerar que parte de sus escritos "atentaban contra el buen orden y la felicidad de los Estados Unidos". Con el respaldo de muchos escritores y otros, ganó el caso judicial y recuperó su ciudadanía en 1989.

Randall vive en Albuquerque, Nuevo México, con su esposa, la artista Barbara Byers. Sigue escribiendo y viaja asiduamente para recitar, dar conferencias y enseñar, respaldando al mismo tiempo a sus colegas poetas.

The Margaret Randall Poetry Series

THE MARGARET RANDALL POETRY SERIES showcases and celebrates poets from around the world. The volumes in the series, selected and published by Casa Urraca Press, honor the ongoing legacy of author Margaret Randall, known for her gifts with language and her passion for lifting the voices of poets and other creatives.

Margaret Randall is a poet, essayist, oral historian, translator, photographer, and social activist, and the author of more than two hundred books. She lived in Latin America for twenty-three years (in Mexico, Cuba, and Nicaragua); from 1962 to 1969, she co-edited *El Corno Emplumado / The Plumed Horn*, a bilingual literary quarterly that published some of the best new literature and art of the sixties. When she came home in 1984, the government ordered her deported because it found some of her writing to be "against the good order and happiness of the United States." With the support of many writers and others, she won her case and her citizenship was restored in 1989.

Randall lives in Albuquerque, New Mexico, with her wife, artist Barbara Byers. She continues to write and travels extensively to read, lecture, and teach, championing her fellow poets along the way.

Casa Urraca Press

Casa Urraca Press publica no ficción, poesía, ficción, y otras obras de autores cuya producción consideramos excelente o promisoria. Nuevo México y el sudoeste de los Estados Unidos cuentan con talentos creativos y literarios, y el resto del mundo merece conocer nuestras miradas. Por ello, respaldamos libros que dialogan—libros con la potencia, compasión y diversidad capaz de acercar a personas muy diferentes.

Nacimos en las alturas desérticas cercanas a Abiquiú, Nuevo México. Visítenos en casaurracapress.com para leer más de nuestros autores, explorar todas las ediciones de nuestros libros, y anotarse para talleres de escritura y retiros.

Casa Urraca Press

CASA URRACA PRESS publishes creative nonfiction, poetry, fiction, and other works by authors we believe in. New Mexico and the US Southwest are rich in creative and literary talent, and the rest of the world deserves to experience our perspectives. So we champion books that belong in the conversation—books with the power, compassion, and variety to bring very different people closer together.

We were founded in the high desert somewhere near Abiquiú, New Mexico. Visit us at casaurracapress.com to read more from our authors, browse all editions of our books, and register for writing workshops and retreats.

www.ingramcontent.com/pod-product-compliance
Lightning Source LLC
LaVergne TN
LVHW040104080526
838202LV00045B/3775